AF235450

Ich hacke Technik

Ein Lei[t|d]faden durch die [hochsichere] Technik des 21. Jahrhunderts

Teil 1: Kryptologie

Dr. phil. Stacey Faithful

Bibliografische Information der Deutschen Nationalbibliothek: Die Deutsche Nationalbibliothek verzeichnet diese Publikation in der Deutschen Nationalbibliografie; detaillierte bibliografische Daten sind im Internet über dnb.dnb.de abrufbar.

Coverbild:
Markus Spiske, Erlangen, unsplash.com

Herstellung und Verlag:
BoD – Books on Demand, Norderstedt

ISBN: 9783753422794

Über dieses Buch

Nach dem Studium dieses Buches wissen Sie, was Verschlüsselung ist, kennen die wichtigsten Verschlüsselungsmethoden, wissen, wofür es wichtig ist, Daten zu verschlüsseln und sind in der Lage, auch ohne Mathematikstudium und professionelle Programmierkenntnisse einen eigenen, nicht knackbaren[1] Verschlüsselungsalgorithmus zu erstellen.

---

1   Es ist Philosophie, ob und wie eine Methode angreifbar ist.

Vorwort

Heutige Technik ist super sicher.
Versprechen die Hersteller.
Sicherheit ist mein Job.

Seit über zwanzig Jahren prüfe ich Technik auf
Sicherheit.
Ursprünglich komme ich aus dem Untergrund,
würde man sagen. Ich war früher das, was man
Hacker nennt. Ja, ich war einer von den bösen.
Aber nicht, weil ich böses tun wollte, sondern
ich habe Dinge getan, einfach, weil ich sie
konnte und andere nicht. Das fand ich cool.

Ich werde in keinem meiner Bücher darauf
eingehen, was ich genau getan habe, denn es
gab damals Absprachen mit mehreren
Konzernen und 3-Buchstabendiensten, dass sie
keine Anklage erheben und ich dafür niemals
sagen werde, wie ich was getan habe.
Wäre so manches an die Öffentlichkeit
geraten, die Welt wäre heute eine andere, denn

manch ein Konzern hätte die Klagewelle aus deren Kundschaft nicht überlebt.
Doch warum schreibe ich heute dieses und weitere Bücher?

Wie schon gesagt, ich untersuche seit zwanzig Jahren Technik auf deren Sicherheit. Aber ich bin mit meinem Job als solches nicht mehr zufrieden. Es ist langweilig geworden, immer wieder das gleiche zu tun und immer wieder die gleichen Fehler zu finden und als Überbringer der schlechten Nachrichten immer wieder der Dumme zu sein.
Ich möchte gerne wieder zurück zu meinen Wurzeln. So richtig was mit Sicherheit machen. Etwas, wo ich meine Fähigkeiten wieder nutzen kann.

Doch ich habe nie fertig studiert. Ich hatte wichtigere Dinge zu tun. Ich wollte meinen Job bei einer großen Bank gut machen. Eine Bank, die nach meinem bust[2] an mich heran trat und sagte: „So Leute wie Dich stellt man

---

2 Erwischt werden, durch die Polizei hochgenommen werden

an die Wand. Oder ein." Und so stellte man mich ein. Diese Bank ist bis heute nicht einmal gehackt worden. Also habe ich meinen Job wohl gut gemacht.

Heute sieht das Leben anders aus. Knapp fünfzig Bewerbungen. Knapp fünfzig Absagen. Selbst auf Stellen, für die ich fachlich absolut unschlagbar wäre.

Das kratzt ganz gehörig an meinem Ego. Doch ich weiß, heute werden Bewerber nicht mehr nach fachlicher Qualifikation ausgewählt sondern zumeist von Praktikantinnen, die zuerst nach Abschlüssen und Gehaltswunsch aussortieren.

Und so hatte ich überlegt, ob ich nicht nochmal einen Beweis meiner Fähigkeiten anbringen sollte. Doch erstens wäre das strafbar und zweitens, was sollte ich tun, ohne dabei irgendwelchen Schaden anzurichten? Ich habe einfach nichts gefunden, was ich hätte tun können und wo am Schluss alle drüber lachen. Einer würde immer heulen, weil ihm sein Spielzeug kaputt gemacht wurde.

Somit kam ich auf die Idee, ich könnte doch einfach mein Wissen teilen, indem ich Bücher schreibe und Informationen und Ideen veröffentliche, quasi philosophierend.

Und eigentlich könnte man dies auch als Hack ansehen. „Ihr" wollt mir keinen Job geben, weil ich zu alt, zu teuer oder zu ungebildet bin und im Gegenzug zeige ich interessierten Leuten da draußen, wie sie Eure Systeme ausknipsen. Einfach so. Weil sie es dann können. Und Ihr könnt gar nichts dagegen unternehmen. Denn bei Euch arbeiten nur die hochbegabten studierten, die leider vom Handwerk nicht das geringste verstehen.

Doch ich möchte gleich im Vorfeld erklären, ich verachte Scriptkiddies[3].

Ich fühle mich noch der Hackerethik verpflichtet. Nichts widert mich so an, als das irgendwelche Nulpen zerstören um des zerstören Willens, mit Hilfe von Werkzeugen, die sie von Leuten mit Ahnung bekommen

---

3   Meist Jugendliche, die Software von Hackern bekommen, mit denen sie Computersysteme angreifen

haben. Wer selbst nicht ist, was er vorgibt zu sein, gehört nicht in meine Welt.

Großartige Hollywoodsprüche wie „Leg Dich mit den Besten an und Du stirbst wie alle dann", bzw. „Mess with the best, die with the rest" oder „Hack the planet" ist großkotziges Geschwurbel und hat in meiner Welt nichts zu suchen. Meine Welt ist bestimmt vom Wissen um Dinge, die anderen verborgen bleiben.

Hackerethik heißt besser zu sein als alle anderen und ihnen ihr eigenes Unvermögen mit dem Vorschlaghammer ins Gesicht zu manövrieren.

Hackerethik heißt nicht, zum tausendsten mal den aktuellen zero-day exploit[4] auf irgendein Netzwerk anzuwenden.

Ich habe mich auch bei Behörden mit drei Buchstaben beworben, weil ich es geil fand, ein bisschen James Bond zu spielen. Auch mit 50 Jahren bin ich in Dingen des Alltags gerne ein Kind. Ich musste unterschreiben, dass ich mit niemandem darüber spreche und

---

4   Brandneu entdecktes Sicherheitsloch

niemandem bekannt mache, wann ich mich wo und wie beworben habe.

Nur um dann in einem sehr freundlichen mehrseitigen Schreiben zu lesen, dass man mich für nicht geeignet hält oder es besser qualifizierte Bewerber gibt.

Ich komme aus der ersten Generation von Hackern. Ich habe noch Karl Koch, Boris Floricic und Herwart Holland-Moritz und leider auch Kim Schmitz persönlich gekannt und sie haben mein Leben beeinflusst.

Doch wird diese Buchreihe meinen Marktwert steigern bei der Suche nach meinem Traumjob, der vor meiner Rente hoffentlich der letzte Job sein wird?
Man weiß es nicht aber vielleicht bleibe ich dann nicht irgendwo bei einer human resources Praktikantin hängen, die ohne jegliches Wissen, Können und Ahnung Bewerber nach Alter und Gehaltsvorstellung aussortieren soll, sondern dieses Buch liest

sich ein Mensch mit Wissen durch. Und wenn nicht, muss ich eben weiter Bücher schreiben.

Sie halten mich jetzt schon für einen arroganten Arsch?
Dann sollten Sie weiter lesen. Dieser arrogante Arsch zeigt Ihnen jetzt mal die digitale Welt. Und es wird Leute da draußen geben, die werden mich als Spinner abtun, als Lügner und Betrüger. Das sind genau die Leute, denen ich gefährlich werden könnte. Und damit Sie sehen, dass ich kein Lügner und Betrüger bin, zeige ich Ihnen so exakt wie möglich, wie etwas funktioniert so dass Sie es nachvollziehen können. Ich gebe Ihnen mein Wissen auf 100 Miniseiten dieses winzigen Buches und zeige Ihnen damit mehr, als im jahrelangen Studium auf irgendeiner Uni.

Wenn Sie mir einen Job anbieten möchten, und damit meine ich einen vernünftigen Job, dann erreichen Sie mich unter der Mailadresse

1F2873@protonmail.com

Ich darf darauf hinweisen, dass ich im bundesdeutschen Durchschnitt schon sehr gut bezahlt werde und es mir nicht um einen Job um jeden Preis geht. Ich will einfach nochmal wieder Spaß an meinem Job haben und das zu einem akzeptablen Gehalt.

Mein Jahresgehalt bewegt sich jetzt knapp unter 6 stellig. Ich möchte mich nicht verschlechtern!

Inhaltsverzeichnis

Kryptologie, wozu?

Seit Menschen Gedenken, oder besser gesagt, seitdem es Kommunikation gibt, wollen Menschen nicht, daß andere Menschen über bestimmte Informationen Kenntnis erhalten.

Das fängt heute im Kindergarten an („psst, erzähls aber nicht dem Michael") und hört in der militarisierten Welt noch lange nicht auf.

Dabei werden immer wieder neue Wege der Verschlüsselung erfunden, die wieder noch sicherer sein sollen.

Und die allesamt absolut gar nichts können, wenn irgendwann einmal der echte Quantencomputer erfunden wurde.

Quantencomputer werden so schnell arbeiten, dass sie unendlich viele Rechenoperationen gleichzeitig ausführen können.
Quantencomputer sind der feuchte Traum der Computerindustrie und irgendwann wird es sie geben.

Doch warum sind alle Verschlüsselungsmethoden nichts wert, wenn es Quantencomputer gibt? Im Kapitel Dechiffrierungsmethoden gehe ich näher darauf ein, wie ein verschlüsselter Text entschlüsselt wird. Kann man dies mit der Kapazität unendlicher Geschwindigkeit tun, wird jede Verschlüsselung in Sekundenbruchteilen geknackt.

Meine Frau nörgelt immer rum, sowas würde es nicht geben. Doch wenn wir bedenken, dass der Mensch es geschafft hat, von null auf voll computerisierte Welt in lediglich knapp 100 Jahren zu kommen, wie sieht unsere Welt in weiteren 100 Jahren aus?

Zumal sich die Geschwindigkeit der Weiterentwicklung immer mehr erhöht.

Als ich 1987 das erste mal im Internet war, gab es kein HTML, keine Webbrowser und kein google oder facebook.

Wenn ich damals jemandem gesagt hätte, ich wäre per blue box[5] mehrere Stunden am Tag über einen access point in New York im Internet, ich wäre vermutlich in der Klapse gelandet. Heute, nur 40 Jahre später, ist jeder Volltrottel mit seinem Smartphone ununterbrochen im Internet und macht fast alles damit online. Manche sollen sogar komplett online leben und das Haus überhaupt nicht mehr verlassen. Das war noch um 1995 herum science fiction.

Heute werde ich nicht müde zu sagen, wenn der Film „Der Staatsfeind Nr. 1" läuft, dieser Film kann durchaus Realität sein und oft wird mir nicht geglaubt.

Doch was hat all mein Geschwafel mit Kryptologie zu tun?

Nun, erstens muss ich für ein minimales Thema, was Kryptologie zweifelsohne ist, wenigstens ein bisschen Text zusammen bringen, um daraus ein kleines Buch zu

---

5   Methode des Hackens einer Telefonleitung im analogen Zeitalter, um kostenlos telefonieren zu können

schaffen und zweitens möchte jeder gerne mitlesen. Der Nachbar, den es interessiert, mit wem seine scharfe Nachbarin simst, whatsappt oder facebookt. Die neugierige Freundin/Frau des Mannes, weil er ja eine Liebschaft haben könnte. Werbedienste, die wissen wollen, welche Interessen jemand hat, um ihm passgenaue Werbung anzubieten und über allem stehen die Regierungen. Jetzt höre ich wieder die ganzen Nulpen schreien, ich sei ein Verschwörungstheoretiker. Und Nazi/AfD-Wähler – was so etwa die neueste Totschlagargumentation von Nullingern ist.

Dabei geht es den Regierungen/Strafverfolgungsbehörden/BND/ MAD/NSA/MI5/MI6... gar nicht um den Hausfrauenchat. Denen geht es um Nachrichten, die die wirklich schweren Jungs und Mädels verschicken. Man stelle sich vor, auf facebook gäbe es eine Gruppe „United Terrorists of the World – UTW" und niemand würde sich dafür interessieren, weil der ganze Überwachungsmist nur was für Verschwörungstheoretiker ist. Das wäre eine tolle Sache. Für die Terroristen. Nein, genau darum geht es bei der Überwachung. Leider ist die Bundesregierung bei diesem Thema, wie immer, vollkommen über das Ziel hinaus geschossen und man will auch die greifen, die Hassreden schwingen oder zu Straftaten aufrufen. Dafür hat man das Netzwerkdurchsetzungsgesetz (NetzDG) erfunden. Grundsätzlich keine schlechte Idee, würde man es nicht dafür mißbrauchen, jede noch so dumme Argumentation und Formulierung zu nutzen, um gegen die Verfasser vorzugehen. Und so hat es schon viele Hausdurchsuchungen gegeben, nur weil jemand auf facebook geschrieben hat, dass er Ausländer hasst. Sicher, muss man nicht schreiben aber man muss die Leute auch nicht wie Schwerverbrecher behandeln. Hausdurchsuchungen für einen dummen Spruch. Heil Stasi, wir grüßen Dich!

Und so werden wir Kommunikation so verschlüsseln müssen, dass der große Bruder Staat nicht mitlesen kann.

Weil es aber schon so gute Verschlüsselungsmethoden gibt, dass der Staat diese nicht in angemessener Zeit knacken kann, gibt es den Bundestrojaner.

Eine Software, die bereits vor dem verschlüsseln die Daten abgreift und an den Staat sendet. Heil Stasi, wir grüßen Dich!

Die flächendeckende Überwachung von Bürgern hat seinen Ursprung etwa im Jahr 1971.

Damals startete das Projekt „Echelon" der USA zur totalen Überwachung internationaler Telekommunikation.

Beteiligt waren

NSA – National Security Agency. Amerikanischer Geheimdienst, der dem Verteidigungsminsterium unterstellt ist. Die USA bestritten bis etwa um das Jahr 2000 herum deren Existenz. In der Folge meines busts tauchte eine Ermittlungsakte der NSA auf. Ich drohte etwa 1998 damit, diese Akte zu veröffentlichen. Man war nicht amused darüber und zeigte mir mögliche Varianten meines späteren Lebens auf.

CST - Centre de la sécurité des télécommunications. Französischer Geheimdienst

BND – Bundesnachrichtendienst. Deutscher Geheimdienst, der direkt dem Bundeskanzler unterstellt ist.

ASIO - Australian Security Intelligence Organisation. Australischer Geheimdienst.

DGSE -Direction générale de la sécurité extérieure. Französischer Inlandsgeheimdienst.

Five Eyes – Eine Allianz aus Geheimdiensten von Australien, Kanada, Neuseeland, Großbritannien und den USA.

Im Prinzip ging es erst einmal nur um das ausspähen der Russen, Chinesen und Koreaner während des kalten Krieges. Doch die waren auch nicht dumm und haben ihre eigenen Überwachungssysteme entwickelt und so hat irgendwann jeder jeden überwacht und abgehört.

Etwa um das Jahr 1980 herum ging kein einziges Telefax durch die Telefonleitung, ohne von den USA kopiert und gelesen zu werden.

Heute geht keine einzige Mail durch das Netz, ohne von mindestens zwei Ländern mitgelesen zu werden. Deutschland und USA. Als das Echelonprojekt im Wege der Digitalisierung nach Amerika verlegt[6] und bekannt wurde, dass jede E-Mail, die bestimmte Worte enthielt, mitgelesen wird, war es üblich, in jede Mail diese Schlagworte einzufügen, um das Echelonprojekt zu überlasten. Daraufhin wurde das Budget für die NSA um rund 5 Milliarden US-Dollar jährlich aufgestockt. Heute wird jegliche Kommunikation, auch die verschlüsselte, gespeichert. Die NSA gab an, vielleicht irgendwann einmal die Technik zu haben, die Daten zu entschlüsseln um dann … ja, was auch immer damit zu tun.

Vielleicht erhalten dann viele Menschen ein Einreiseverbot, weil sie 30 Jahre zuvor abfällig über die Staaten geschrieben haben.

---

6   Utah Data Center bei Camp Williams

Teile des Echelonprojektes in Deutschland lassen sich heute besichtigen. Einmal auf dem Teufelsberg in Berlin und einmal die frühere Zentrale in Bad Aibling. Hier wird heute Echelon sogar noch fortgesetzt. Von dem BND. Wer auf Satellitenbildern bei den Koordinaten N47.879444, E11.9822553 sucht, wird schnell fündig. Es hat sich in der direkten Nachbarschaft sogar ein jährlich statt findendes Musikfestival etabliert. Anfangs wurde versucht, dies mit allen Mitteln zu verhindern aber die Veranstalter haben sich durchgesetzt.

Somit wissen wir nun, es gibt keine Kommunikation im Internet, die nicht abgehört wird. Übrigens betrifft das auch Telefongespräche, da die Telefonleitungen heute digitalisiert durch das Internet geroutet werden. Und damit wird jedes Telefonat in Echtzeit ausgewertet und, falls bestimmte Worte oder Formulierungen fallen, aufgezeichnet und genau analysiert. Machen Sie sich doch den Spass und formulieren bei Ihrem nächsten Telefonat etwas von Atombomben, IS und Allah. Das könnte dazu führen, nicht mehr in die USA einreisen zu dürfen. Wenn Sie sehr geschickt sind, schaffen Sie es vielleicht sogar zu einer Stürmung Ihrer Wohnung durch ein SEK – aber das ist eher unwahrscheinlich. Leider ist die Polizei auch nicht total blöde. Wie man solche Dinge provoziert oder umgeht, schreibe ich im Buch zum social hacking.

Welche mysteriösen Stilblüten eine solche Form der Überwachung treibt, haben wir in den letzten Jahren immer wieder gesehen. So wurde zum Beispiel einem amerikanischen Rechtsanwalt verboten zu fliegen, weil er als hochrangiger Terrorist eingestuft war. Was hatte er getan? Nun, er hatte rein zufällig den gleichen Namen wie dieser Terrorist. Aufgrund der Datenabgleiche der Homeland Security wurde dieser Umstand bekannt. Sie können sich ja einmal den Spaß erlauben und auf ihrem nächsten USA Flug als Bordessen streng halal bestellen. Ein längeres Gespräch bei der Immigration ist Ihnen gewiss. Lustig war auch die missglückte Einreise eines jungen Inders.

Der junge Mann, ich glaube, er war so um 16
Jahre alt, wurde bei seiner Einreise in die USA
verhaftet, weil man sicher war, sein Pass sei
gefälscht. Wegen seines Namens. Inder haben
eine andere Form des religiösen Glaubens als
wir und der Namensgebung. Er hieß Batman
Superman.

Sie wissen nun, was auf dieser Welt so abgeht.
Falls Sie mir nicht glauben und jetzt meinen,
ich sei ein total bekloppter Idiot, der unter
Verfolgungswahn leidet, lassen Sie mich Ihnen
eine Weisheit sagen, die ein sehr langjähriger
guter Bekannter mir einmal sagte.

**Nicht paranoid zu sein bedeutet nicht, dass
man nicht verfolgt wird.**

Suchen Sie sich jemanden, der Ahnung von
seinem Job hat und in der Materie arbeitet,
vielleicht bei der Telekom, dort vielleicht
sogar bei der Abteilung „Zivilschutz" oder

einer ähnlichen und fragen Sie ihn nach meinen Ausführungen.

Ansonsten googeln Sie „echelon" und Sie finden tausende Seiten an Dokumentation. Übrigens auch von Edward Snowden, der wegen seiner Enthüllungen die USA Zeit seines Lebens nicht mehr betreten werden kann, ohne für den Rest seines Lebens in den Knast zu wandern.

Wir haben nichts zu verbergen

Mein Lieblingsargument ist immer „Wer nichts verbrochen hat, hat auch nichts zu verbergen!" oder „Wir haben nichts zu verbergen!"

Wenn ich mir die Entwicklungen der letzten Jahre so ansehe, dann hat jeder Mensch, der nicht mit der Masse mitläuft, sehr wohl sehr viel zu verbergen.
Da fing es an mit der Kritik am Euro. Wer eurokritisch war, war ein Nazi. Dann kam die AfD. Wer dort Mitglied ist, ist ein Nazi. Dann kam die Flüchtlingswelle. Wer nur hinterfragt

hat, ob die durch die Presse gehenden Zahlen stimmen, war ein Nazi. Dann kam Corona. Wer die Maßnahmen der Bundesregierung kritisiert hat, war ein Coronaleugner. Und ein Nazi. Das ging soweit, dass im Januar 2021 Arbeitsverträge gekündigt wurden für Menschen, die sich weigerten, sich einen nicht erforschten Impfstoff injizieren zu lassen. Es wurden Forderungen sehr laut, wonach nicht geimpfte nicht mehr reisen durften, Mieter, die sich weigern, sich impfen zu lassen, die Wohnung verlieren sollten und ein genereller Impfnachweis wurde ebenso gefordert.

Gewalt gegen politisch selbst denkende ist längst keine Ausnahme in Deutschland mehr. Die Presse berichtet gerne und ausgiebig über rechte Gewalttaten. Die weitaus höhere Zahl und extremere Gewalt verübt von Linken wird gerne verschwiegen. Und die Tatsache, dass Gewalttaten von Ausländern gegen andere Ausländer als rechte Gewalttaten geführt werden. Verprügelt oder tötet also beispielsweise eine Araber einen Juden, geht dies als rechtsextreme Gewalttat in die Statistik ein.

Wer dazu etwas sagt, gilt im vorwiegend linksorientierten Strom per sé als Nazi.

Billy Six, auf den ich an andere Stelle schon eingehe, hat regelmäßig das Problem, dass seine Filmbeiträge, so er diese irgendwo in der Cloud ablegt, um sie zu Hause schneiden zu können, gelöscht werden. Hate speech oder fake news heissen dann die Argumente. Doch wer legt eigentlich fest, was fake news sind? Oder hate speech? Ich wurde schon bei facebook gesperrt, weil ich von einem Negerkuss gesprochen habe. Die Dinger hießen bei mir schon immer so und das wird sich auch niemals ändern. Ich kann mich entsinnen, als vor ein paar Jahren die Bezeichnung Eskimo urplötzlich rassistisch war. Auf Grönland habe ich mehreren Eskimo das erklärt und gefragt, ob sie eigentlich ein Problem damit haben. Sie kamen aus dem lachen nicht mehr heraus und sagten mir, es sei ihnen doch egal, wie wir zu ihnen sagen. Und da wurde mir bewusst, Menschen mit hohem Geltungsdrang versuchen hier eine Politik des fremd schämens zu etablieren und das haben sie auch sehr gut geschafft. Leute, die nicht einmal mit den betroffenen Gruppen gesprochen haben, fühlen sich verpflichtet, sich in deren Angelegenheiten einzumischen. Da sprach der Inhaber des Restaurants „Zum Mohr" in Kiel in 2020 die schönen Worte, er wolle selbst entscheiden, wann er sich schlecht fühle und sich das nicht vorschreiben lassen. Seitdem gilt er in linken Kreisen als Nazi, weil er als schwarzer nicht sein Restaurant umbenennt.

Ich weiß nicht, ob es im dritten Reich auch so angefangen hat aber eines weiß ich, man konnte damals nicht alles offen sagen und man kann es heute nicht. Kürzlich wurde mir auf meiner Arbeitsstelle erklärt, wir müssten jetzt alles durchgendern. Meine Antwort war: Mach meine Papiere fertig.

Ich muss jetzt nicht gendern und habe meinen Job auch noch. Aber alleine die Geschwindigkeit, in der ganz Deutschland diese Idiotensprache mit dem Sternchen eingeführt hat, und zwar auf drängen einer winzig kleinen Minderheit, zeigt mir, wir leben in einer gefährlichen Welt.

Man muss also gestern noch gar kein krimineller gewesen sein und musste nichts zu verbergen haben. Morgen kann man aber bereits für Äußerungen von gestern ausgegrenzt, gemobbt oder sogar verfolgt werden.

Fakt ist aber eines, schon manch ein Facebooknutzer hatte morgens um sechs Uhr das SEK in der Wohnung stehen, weil er sich ein paar mal unflätig über Ausländer, die Bundesregierung oder einzelne Politiker geäußert hat.

Nicht jeder ist eben so intelligent, seine Stammtischparolen nicht öffentlich mit seinem Namen daran zu schreiben. Aber mehr sind es meistens eben nicht, Stammtischparolen. Dafür eine Hausdurchsuchung, Beschlagnahme aller Elektronik und eine Anklage wegen Volksverhetzung empfinde ich als vollkommen überzogen.

Jetzt werden einige sagen, dass sie sich von sowas eh distanzieren. Gut, ein anderes Beispiel, worüber heute niemand mehr spricht.

Das gläserne Bankkonto. Klingelt da was bei Ihnen? Das war so Anfang der 2000er Jahre, als Kontoabfragen durch Behörden möglich gemacht wurden, weil jede Bank in Deutschland jede noch so kleine Kontobewegung an das zentrale Sparkassenrechenzentrum nach München meldet, damit jede Behörde in Sekunden Bruchteilen alle Ihre Kontobewegungen sehen kann. Und statt den ehemals versprochenen Stichproben steigen die Abfragezahlen jährlich immer weiter an und schon seit Jahren kann aufgrund der schieren Menge der Abfragen nicht mehr jede Abfrage bearbeitet werden.

Vielleicht sind Sie schlau und eröffnen sich ein Bankkonto in Österreich. Oder Belgien. Oder Dänemark. Alles Länder, die das Bankgeheimnis noch hoch halten. Oder Sie haben etwas mehr Geld und haben ein Konto in der Schweiz. Haben Sie alle Ihre Kontodaten im Kopf? Oder schreiben Sie die in ein kleines schwarzes Buch? Sowas habe ich auch. Manuell verschlüsselt, falls es mal jemand in die Finger bekommen sollte, der es nicht soll.

Ganz egal, diese Beispiele könnte man ewig fortführen.

Es bietet sich an, bestimmte Daten nur sehr schwer verschlüsselt aufzubewahren.

Und wenn Sie kriminell sind, Drogendealer, Waffenhändler, Auftragskiller oder Terrorist, schauen Sie sich den Fall von Enrochat an. Das war ein Anbieter von Kryptohandys. Kryptohandys sind Mobiltelefone, die rein dazu gebaut sind, Kommunikation zu verschlüsseln, Ihre Gespräche, SMS, Chats und so weiter, sind alle verschlüsselt. Sie werden jetzt zu Recht sagen, solche Telefone brauchen nur Kriminelle. Da haben Sie recht, diese Telefone werden von Drogendealern genutzt, von Waffenhändlern und Politikern.

Erinnern wir uns nur an den Abhörskandal Merkel, wo die USA das Kryptohandy von Angela Merkel abgehört haben.

Enrochat wurde durch die Polizei unterwandert und in einer riesigen Aktion alle Benutzer von Enrochat festgenommen. Egal, ob es Drogenkonsumenten waren, die mit ihrem Dealer telefoniert haben oder Waffenhändler. Oder einfach nur normale Bürger, die es cool fanden, ein Kryptohandy zu benutzen. Sie hätten ja potentielle Straftäter sein können.

Nutzen Sie niemals Standards. Nutzen Sie niemals einen Anbieter für alle Ihre Auftraggeber und oder Kunden.
Entwickeln Sie selbst etwas für jeden einzelnen Ihrer Kontakte. Ich beschreibe in diesem Buch, wie unglaublich einfach es ist, einen guten Verschlüsselungsalgorithmus zu bauen.
Und falls Sie das nicht können oder wollen, ich bin durchaus käuflich. Bei Einwurf einer entsprechend großen Münze erhalten Sie gerne von mir Komplettlösungen.

Nicht, dass ich Straftaten decken würde oder auf kriminelle stehe.

Ich sehe aber, dass wir ein Ungleichgewicht haben, welches unbedingt wieder hergestellt werden muss.

In Berlin trauen sich Polizisten nicht in den Görlitzer Park[7], weil sie dort als Nazis beschimpft werden, schaffen es aber problemlos, mit acht Mann einen Rollstuhlfahrer fest zu nehmen, der nicht schnell genug deren Anweisungen gefolgt ist[8].

Seien Sie immer ausreichend paranoid, denn Sie wissen nicht, was morgen plötzlich passiert, von dem Sie heute noch wussten, es ist alles in Ordnung, so wie es ist.

Wir leben in einer merkwürdigen Welt.

---

7 Größter öffentlicher Drogenumschlagplatz Deutschlands in Berlin, wo den Dealern wegen ihres Mutes sogar eine Statue gewidmet wurde.
8 Anti-Corona Demo August 2020, Berlin.

Kryptologie, was ist das?

Sie wissen nun, dass Sie im Internet und am Telefon nichts tun und sagen können, ohne, dass irgendwer mitliest und mithört.

Kryptologie bezeichnet ein Verfahren, mit dem man Botschaften für den Gegner unkenntlich/unleserlich macht.

Am einfachsten lässt sich das vielleicht mit einem Beispiel der USA im zweiten Weltkrieg erklären.

Als die USA mit Japan im Pazifikkrieg gegeneinander kämpften, setzten die USA Indianer vom Stamm der Navajo ein, die in ihrer Muttersprache zuvor verschlüsselte Texte kommunizierten. Da die Sprache der Navajo-Indianer keiner anderen Sprache ähnlich ist, konnte kein anderer als ein Navajo-Indianer die Texte entziffern. Somit konnte zwar der Funkverkehr von den Japanern abgehört aber nicht entschlüsselt werden.

Heute gibt es ganze Studienfächer über Kryptologie. Da lernen Sie, wie DES, Triple-

DES und AES funktionieren und dass diese todsichere Systeme sind.

Sowohl die DES-Reihe als auch AES wurde von der amerikanischen Regierung entwickelt und als sicher erklärt.

Alleine das sollte schon Ihre Alarmglocken zu schrillen bringen.

Und wenn das nicht, dann der Umstand, dass der DES (Data Encryption Standard) nicht mehr als sicher gilt, weil er gehackt wurde und der Nachfolger nun Advanced Encryption Standard heißt.

Im weiteren Verlauf erkläre ich, wie Sie Ihren eigenen Verschlüsselungsalgorithmus entwickeln. Dabei erkläre ich eine Teilmenge als etwas, was in der Schule (also auf der Uni) als absolut verboten gilt. Nämlich sollte das Wissen um die Art der Verschlüsselung nicht sämtliche Kryptate angreifbar machen.

Genau solche vorgefertigten Meinungen und in Form pressen von Denkweisen sind es, die Geschehnisse vorhersagbar machen. Wer seinen Masterabschluss hat, ist besonders schlau, sagen die einen. Ich aber sage, wer seinen Masterabschluss hat, hat lediglich bewiesen, dass er in der Schule gut aufpassen und auswendig lernen kann.

Grundsätzlich muss ein Hacker (und manche argumentieren jetzt, es hiesse aber Cracker, weil wir hier Codes brechen. Das ist aber nur ein neumodisches Wort, erfunden von Leuten, die sich in gutem Licht darstellen wollen, wenn sie andere als unwissend öffentlich denunzieren können. Das sind also einfach nur Idioten.) nicht nur das Wissen um die Materie haben, sondern auch um die Ecke denken können.

Gehen Sie davon aus, dass alle erfolgreichen konventionellen Verschlüsselungsmethoden nicht durch das Wissen um die Algorithmen knackbar sind. Das spart Ihnen sicher um 90% an Aufwand, wenn Sie einen solchen Code knacken wollen.

Andererseits ist es aber wirklich so, dass bei einer Offenlegung Ihres Algorithmus alle Ihre leicht Kryptate angreifbar werden. Angreifbar als solches ist sowieso alles. Es ist nur eine Frage der Zeit, wie lange es dauert, bis ein Code geknackt wurde. Nur mal ein einfaches Beispiel. Angenommen Sie, also Ihr Rechner, brauchen bei einem Knackversuch 1/100 Sekunde. Sie wissen, Sie müssen ein Passwort mit 8 Zeichen knacken. Diese Zeichen sind sichtbar, also von einem Menschen an einer Tastatur eingegeben worden und wir wissen, es ist ein deutscher Mensch an einer deutschen Tastatur. Somit wissen wir, es gibt so ungefähr 100 Zeichen, die dieser Mensch zur Auswahl hat. Somit ergeben sich 100 hoch 8 Möglichkeiten, das richtige Passwort zu treffen.

Das sind 10.000.000.000.000.000, also 10 Billiarden Möglichkeiten oder Iterationen.

Dann sind Sie so ungefähr 3 Millionen Jahre mit warten beschäftigt.

Nun wissen Sie aber, der Mensch ist ein einfaches Tier. Komplizierte Passworte sind ihm zuwider und sehr wahrscheinlich nutzt er ein Passwort aus dem Wörterbuch, gespickt mit Sonderzeichen. Kurze Wörter unter sechs Zeichen wird er ebenfalls nicht nutzen und somit bleiben etwa 400.000 Wörter plus Sonderzeichen. Definieren wir es auf vielleicht nur noch 1 Milliarde Variationen.

Und schon brauchen Sie nur noch 31 Jahre zu warten. Oder ein Jahr mit 31 Computern.

Sie sehen, Verschlüsselungstechnologie ist extrem simpel obwohl hinter der Entwicklung der Algorithmen extrem hochintelligente Mathematiker stehen. Kryptologie ist nur ein Weg, es anderen nicht zu einfach zu machen. Einen absoluten Schutz gibt es nicht und wird es auch niemals geben.

Ich plädiere schon seit Jahren, doch bitte endlich anstatt immer komplizierter werdenden Passworten einfach zwei Passworte, die nicht identisch sind, zur Pflicht zu machen.

Damit würden aus unserem Beispiel mit der einen Milliarde Iterationen ganz plötzlich eine Milliarde hoch eine Milliarde Iterationen entstehen und damit weitaus sicherer, als statt neun Zeichen jetzt zehn Zeichen verpflichtend zu machen. Der härteste Spruch, den ich mir mal geben lassen musste, als es um dieses Thema ging: „Was hast Du nochmal studiert?"

Ja, die Menschen sind dumm. Und arrogant. Und genau das sind die schwächsten, das sind unsere Opfer. Werden Sie niemals arrogant, das macht Sie angreifbar. Bleiben Sie dumm und lassen Sie die anderen, hoch studierten sich in ihrer erhabenen Überlegenheit baden.

Aber ich schweife ab. Als Fazit bleibt nur zu sagen: Die sichersten Daten sind die, die nicht da sind.

(A)Symmetrische Kryptologie

Es gibt verschiedene Arten der Verschlüsselungsmethodik. Vor- und Nachteile debattieren Sie wochenlang an der Uni. Hier soll es reichen, wenn Sie wissen, dass symmetrische Verschlüsselung mit einem Passwort auskommt, welches geheim gehalten werden muss und asymmetrische Verschlüsselung zwei Schlüssel hat, wovon einer öffentlich bekannt gegeben werden kann und nur in Verbindung mit dem jeweils privaten Teil nutzbar gemacht wird.

Es handelt sich schlicht und ergreifend um zwei Methoden der Verschlüsselung. Wir werden im weiteren Verlauf des Buches eine dritte Methode erstellen, nämlich die, wo der Algorithmus selbst der Schlüssel ist.

Geschichte der Kryptologie

Geht man davon aus, dass früher viele Menschen nicht schreiben und lesen konnten, dürfte die Kryptologie schon sehr alt sein. Denn etwas geschriebenes ist für jemanden, der des Lesens nicht mächtig ist, nicht zu entziffern.

Die erste nachgewiesene Verschlüsselung geht zurück auf Gaius Julius Cäsar, der nach der Überlieferung des römischen Schriftstellers Sueton diese Art der geheimen Kommunikation für seine militärische Korrespondenz verwendet hat. Dabei benutzte Caesar eine Verschiebung des Alphabets um drei Buchstaben.

Das heisst, aus A wurde D, aus B wurde E und so weiter. Lief ein Buchstabe über den Buchstaben Z hinaus, wurde wieder bei A begonnen. Also wurde aus X ein A und aus Y ein B.

Heute ist das einer der einfachsten Verschlüsselungsalgorithmen, für jemanden ohne Kenntnisse in Kryptologie aber schon nicht mehr zu entziffern.

Die Verschlüsselungsmethoden wurden immer anders und immer besser entwickelt. Während die Amerikaner die Navajo-Indianer hatten, hatten die Deutschen die Erfindung von Jacob Ludolf Arthur Scherbius, die Enigma-Maschine.

Lange Zeit konnten die verschlüsselten Texte nicht von den Alliierten entziffert werden.

Schaubild 1: Enigma-Chiffriermaschine im Heimatmuseum Longyearbyen, Spitzbergen

Voller Stolz muss ich mein eigenes Foto zeigen. Es hatte mich fast umgehauen, als ich die Enigma im Heimatmuseum von Longyearbyen auf Spitzbergen im Nordpolarkreis gefunden habe. Dieses Gerät ist nämlich in ganz Deutschland nicht zu finden, weil als Kriegsbeute alle Enigmas ins Ausland gegangen sind und man uns bis heute keine einzige Enigma zurück geben will. Als

das Heinz Nixdorf Museum in Paderborn im Jahr 2012, also fast 70 Jahre nach Kriegsende, seinen einhundertsten Geburtstag feierte, bat man die Briten um eine Enigma als Leihgabe, um sie für einen kleinen Zeitraum dort auszustellen.
Die Engländer verweigerten das, aus Angst, sie könnten die Enigma nicht wieder bekommen.

Dabei ist die Enigma-Verschlüsselung heute für einen haushaltsüblichen PC in weniger als fünf Sekunden geknackt.

Heute kommen Verschlüsselungsmethoden mit tausenden von Zeichen als Schlüssel, Verwürfelung und zufällige Verstreuung (sogenanntes salzen) der Ergebnisse zur Anwendung, die Milliarden von Milliarden Jahre zum knacken brauchen.

Wie sicher ist Verschlüsselung?

Im Prinzip gibt es heute schon Verschlüsselungsmethoden, die als sicher einzustufen sind.
Wobei die Frage ist, was ist sicher?

Um uns den Zugriff auf die Daten unmöglich zu machen, da sind heutige Verschlüsselungsmethoden durchaus sicher, auch wenn ich weiter hinten auf das Code knacken eingehe. Praktikabel ist die Sache meistens weniger, wenn man es von der rein mathematischen Seite aus betrachtet. Ein heutzutage einfacher 512bit breiter Schlüssel birgt eine Zahl mit 116 Ziffern an Möglichkeiten. Würde Ihr PC nur eine hundertstel Sekunde pro versuchtem Schlüssel zur Berechnung benötigen, so wäre der Schlüssel garantiert nach spätestens 109 Sextilliarden Jahren geknackt. Vermutlich aber schon nach der Hälfte der Zeit.

Das ist aber gar nicht das Thema, denn jeder Verschlüsselungsalgorithmus hat einen Masterkey. Also einen Schlüssel, der immer und auf alles funktioniert. Den muss er auch haben, denn die bekannten 3-Buchstabendienste wollen den Zugriff auf Ihre geheimen Daten.

Wirklich sichere Verschlüsselungsmethoden unterliegen einem Exportverbot.

So bekam Phil Zimmermann, der Erfinder der Verschlüsselungsmethode PGP, großen Ärger mit der US Regierung, als sich herausstellte, dass PGP nicht knackbar ist und die CIA ihn aufforderte, eine Hintertür einzubauen, welches es den Geheimdiensten ermöglichen würde, verschlüsselte Texte zu entschlüsseln. Zimmermann weigerte sich und so wurde er unter Druck gesetzt, die Regierung würde ihn anklagen wegen verschiedener Verstöße gegen die Exportbeschränkung von Verschlüsselungstechnologie. Und dann brachte Zimmermann den großen Wurf. Er machte aus PGP open source, er veröffentlichte also nicht das Programm selbst sondern den Quellcode des Systems und verschenkte diesen an die Welt.

Damit verdiente Zimmermann zwar keinen Cent mehr an dem System aber die US Regierung hatte nichts mehr gegen ihn in der Hand. Nachdem die Ermittlungen gegen Zimmermann eingestellt wurden, verließ er die Staaten und wanderte in die Schweiz aus.

Das Beispiel von PGP macht aber eines knallhart deutlich. So wie es für jedes Schloss einen Masterschlüssel gibt, also einen Schlüssel, mit dem man jedes Schloss öffnen kann, so gibt es einen Masterschlüssel für alle Verschlüsselungsmethoden, denn andererseits unterlägen diese Exportbeschränkungen des jeweiligen Landes.

Doch auch, wenn wir diesen Masterkey nicht kennen, so ist doch jeder Mensch berechenbar. Die meisten Menschen vergeben ihre Passworte auf Systeme, die nicht gewissen Regularien unterliegen, mit leicht zu merkenden Namen aus ihrem engsten Umfeld. Name der Ehefrau, Tochter, Sohn, des Haustieres. Die soziale Schwäche des Menschen ist die Schwäche des Systems. Das bedeutet, je genauer wir die Person kennen, dessen Schlüssel wir knacken wollen, umso einfacher wird es.
Für meine Passworte nutze ich geometrische Figuren auf einer virtuellen Tastatur, die ich mir gut vorstellen kann. Ich mache das seit gut 25 Jahren so und das ist mit einer der Gründe,

warum ich ausschliesslich IBM Mainframe
Tastaturen aus den frühen 1990er Jahren nutze.
Ich habe seinerzeit die letzten
generalüberholten Tastaturen aufgekauft. Hätte
ich gewusst, dass die Dinger unkaputtbar sind,
ich hätte nur zwei gekauft. Heute erklären
mich die Leute deswegen immer für verrückt,
denn die Dinger sind sehr laut im Anschlag
und im Vergleich extrem schwer. Dafür kann
man in sie in der Not als sehr effektive
Schlagwaffe benutzen.

Das Hauptproblem bei der Entwicklung von
Verschlüsselungsalgorithmen ist die Sicht auf
die Dinge. So werden oft als noch so sicher
erscheinende Methoden in kurzer Zeit von
anderen Personen kurz und klein gemacht.
Als DES seinerzeit als theoretisch angreifbar
bekannt wurde und man einen Nachfolger
suchte, bewarb sich die Deutsche Telekom mit
einem Magenta benannten Verfahren. Noch
während der 20 Minütigen Präsentation fanden
die Kryptologen Adi Shamir und Ross
Anderson theoretische Angriffsmöglichkeiten
gegen den Algorithmus. Kurze Zeit später

bewiesen sie, dass dieser Angriff auch praktisch möglich und das Kryptosystem somit leicht zu brechen ist.

Daher habe ich ein bisschen ein schlechtes Gewissen bei meinem konstruierten Algorithmus weiter unten. Ich sehe keine Angriffsmöglichkeit unter der Voraussetzung, dass sowohl der Algorithmus als auch die Codetabelle und das Passwort geheim bleiben. Das können wir in diesem Buch so machen, weil es unsere Anforderungen an die Methode sind. Auch habe ich ein Chiffrat dieser Methode vor einigen Jahren an einen Trupp Studenten gegeben, die mir erklärten, sie knacken jede Verschlüsselung. Bis heute habe ich keine Antwort erhalten.

Beim Code knacken geht es heute auch weniger darum, mathematische Formeln zu finden, um den Schlüssel, also das Passwort heraus zu finden. Viel mehr werden Wege gesucht, gleich das komplette System zu umgehen. Da wird oft von Seitenkanalangriffen gesprochen, wo es zum Beispiel um Dinge geht, wie den

Stromverbrauch der CPU oder der Auswertung elektromagnetischer Felder während der Verschlüsselung. Das sind die coolen Sachen, die Eindruck schinden.

Wenn ich mit meinem EMV[9]-Spielzeug ankomme, mit dem ich den Herzschlag eines Menschen auf 20cm Entfernung zum Körper messen kann, machen die unwissenden immer sehr große Augen. Mikroelektronik ist ein extrem spannendes Feld und vielleicht komme ich auch noch zu dem Buch mit diesem Thema.

Ein ganz besonders geniales Thema ist das knacken eines Chiffrates durch die Betriebsgeräusche des Computers.

Das geht natürlich auch nur mit Technik und nicht mit dem Ohr. So können RSA-Schlüssel extrahiert werden, indem Mikrophone passend platziert werden und die Betriebsgeräusche des PC ausgewertet werden.

Hacken ist eine Art Magie und deshalb ist das auch so toll.

---

9   Elektro-Magnetische Verträglickeit

Steganografie

Bei der Steganographie werden Daten in anderen Daten versteckt. So ist es möglich, in digitalen Bildern ein anderes digitales Bild zu verstecken, ohne, dass es direkt sichtbar ist. Steganografie ist allerdings so alt und populär, dass so ziemlich jeder erst einmal Bilddaten auf versteckte Daten überprüft.
Bei der Steganografie handelt es sich nicht in eigentlichem Sinne um Verschlüsselung, mehr um eine Art von Verschleierung aber das Wissen um die Existenz der Steganografie ist wichtig im Wissen um die Kryptografie.

Grundlagen

Ganz wichtig zu wissen sind ein paar mathematische und technische Grundbegriffe.

Jeder heutige Computer arbeitet auf Basis einer binären Form in 8-bit Breite.

Das heißt, ein Computer versteht nur Einsen und Nullen.

Und die sind zusammengefasst in Datenblöcken von 8 Bit, die von rechts nach links gezählt werden.

Ich versuche das zu veranschaulichen:

00000001 = eins
00000010 = zwei
00000011 = drei
00000100 = vier
00000101 = fünf
10000000 = einhundertachtundzwanzig
11111111 = zweihundertfünfundfünfzig

Zu dieser binären Notation gibt es eine hexadezimale Notation, die deshalb praktisch ist, weil sie auf einer Breite von 8 Bit immer zwei Ziffern umfasst.

Die hexadezimale Notation umfasst 15 Zeichen, nämlich 0 bis 9 und A bis F.

01 = Eins
02 = Zwei
03 = Drei
0A = Zehn
0F = Fünfzehn

10 = Sechszehn

Und Sie ahnen es schon,

FF = zweihundertfünfundfünfzig

Falls Sie damit jetzt nicht klar kommen, es gibt im Internet zahlreiche Lektüre zu diesen Grundlagen. Aber wenn Sie programmieren können, dann kennen Sie sowohl das Binärsystem als auch das hexadezimale System.

Was Sie sinnvollerweise noch wissen könnten, sind mathematische Konstanten. Das ist wichtig, wenn Sie einen eigenen Verschlüsselungsalgorithmus entwickeln möchten.

Ganz bestimmt haben Sie sich bei Büchern oder Filmen schon gefragt, was das heißen soll. Dann komme ich jetzt mit der Auflösung.

Fibonacci Folge

Im Buch bzw Film „Der da Vinci Code" sagt Professor Langdon im Tresorraum der Schweizer Bank „Die Fibonacci Folge!"

Bitte schön, hier ist sie.

Leonardo Fibonacci beschrieb im Jahr 1202 das Wachstum einer Kaninchenpopulation mit dieser Zahlenfolge.

Diese beginnt mit zwei Ziffern, 0 und eins. Diese beiden addieren Sie und fügen das Ergebnis ans Ende an und erhalten 0,1,1. Nun addieren Sie die letzte und die vorletzte Zahl und fügen das Ergebnis ans Ende an und erhalten 0,1,1,2. Und wieder das gleiche und erhalten 0,1,1,2,3. Und so weiter, bis ins unendliche. Damit haben Sie schonmal eine mathematische Konstante, die Sie sich sehr leicht merken können.

Primzahlen

In der Kryptografie stoßen Sie häufig auf Primzahlen. Das sind Zahlen, die nur durch eins und sich selbst teilbar sind. Die Zahlenfolge beginnt so:

2,3,5,7,11,13,17,19,23,29,31,37…

Wenn Sie irgendwann einmal mit Klugscheisserwissen glänzen wollen, lernen Sie ein paar Eckdaten des Shor-Algorithmus, der sich um die Berechnung von Primzahlen und der Primfaktorzerlegung auf Quantencomputern beschäftigt.

PI

Die Kreiszahl PI kennen Sie von der Schule her. Sie ist sehr praktisch, weil PI auf 22,4 Billionen Nachkommastellen berechnet wurde und damit lang genug ist, um damit ein- oder mehrstellige Pseudo-Zufallszahlen zu ermitteln.

Progressionen

Wenn Sie sich mit Spielsystemen beim Glücksspiel beschäftigen, und das kann ich Ihnen nur empfehlen, wenn es um das Verständnis des Zufalls geht, nicht um des spielen Willens, dann wird Ihnen sehr schnell der Begriff Progression bekannt werden. Eine Progression ist eine Form der Einsatzerhöhung um vorherige Verluste zu kompensieren.

Als Beispiel möchte ich hier die Martingale anführen. Dabei verdoppelt sich immer der Einsatz bei Verlust, ein einzelner Gewinn holt alle Verluste wieder rein.

Sagen wir, Sie setzen beim Roulette ein Stück auf rot aber es kommt schwarz. Sie haben -1 Stück. Jetzt setzen Sie zwei Stücke auf rot aber es kommt schwarz. Jetzt haben Sie -3 Stücke. Nun setzen Sie vier Stücke auf rot und es kommt rot, nun haben Sie +1 Stück. (-3 Stücke + -4 Stücke Einsatz = -7 Stücke und der Gewinn sind 8 Stücke = +1 Stück).

Von solchen Progressionen gibt es eine ganze Menge. Das Wissen um diese Systeme hilft Ihnen ganz erheblich bei der Erstellung von eigenen Verschlüsselungsalgorithmen. Eventuell in Verbindung mit mathematischen Zahlenreihen.

Wahrscheinlichkeitsrechnung

Auch das Wissen um die Wahrscheinlichkeitsrechnung bringt Sie bei

der Erstellung von
Verschlüsselungsalgorithmen ganz weit nach
vorne.

Der Angreifer muss ja erraten, wie Ihr
Algorithmus funktioniert. Mathematische
Spielereien sind da wahre Wunderwerke zur
Erstellung von Zahlenreihen, Zahlenkolonnen
und mathematischen Formeln.

Mathematische Begriffe

Sie werden beim Studium der verschiedenen
Verschlüsselungsmethoden jedes mal auf ganz
hochtrabende mathematische Begriffe stoßen.
Stören Sie sich da nicht dran. Es ist
vollkommen egal, wie das Ergebnis berechnet
wird, es kommt immer nur ein Ergebnis
heraus, was eine Zahl ist. Da spielt es keine
Rolle, ob der Algorithmus geometrische Figur,
statistische Auswertung oder Sinus-Cosinus-
Arcustangentiale Tripleverwürfelung heisst,
am Schluss kommt nur eine Zahl heraus. Und
so lange Sie das Passwort nicht kennen, spielt
es auch keine große Rolle, wenn sie den
Algorithmus nicht kennen. Und wenn Sie den

Algorithmus kennen, spart es Ihnen höchstens etwas Zeit.

Zufallszahlen

Vertrauen Sie niemals Zufallszahlengeneratoren auf Ihrem Rechner. Ich kann hier im Buch nicht den Beweis anführen, dafür ist ein Buch nicht geeignet aber glauben Sie mir, Zufallszahlen, die auf einem PC generiert werden, sind vorhersagbar.

Das liegt ganz einfach an der Frequenz des Stromes. Strom schwingt mit einer Frequenz von 50 Hertz. Dieses Wissen reicht aus, um die Zufallszahlen auf Ihrem PC vorherzusagen. Sie können das ganz einfach selbst probieren. Lassen Sie sich 100 Millionen Zahlen im Bereich zwischen 0 und 255 generieren und werten Sie diese Zahlen nachher aus. Wirklich zufällige Zufallszahlen tauchen exakt gleich verteilt auf. Sie werden in Ihrer Auswertung mehrere Ausreisser finden und manche, die kaum gezogen wurden.

Auch Zahlen aus dem Roulette, wo ein Croupier die Kugel wirft, sind nicht wirklich zufällig. Es gibt sogar Spieler, die Zahlen vorhersagen können, wenn ein bestimmter Croupier die Kugel wirft. Dies ist mit ein Grund, warum die Croupiers so oft wechseln. Echte Zufallszahlen erhalten Sie nur aus radioaktiven Zerfallsprozessen.

Sie brauchen also entweder einen Geigerzähler, um echte Zufallszahlen zu bekommen oder nutzen einen Dienst im Internet wie zB

random.org.

Random.org stellt Zufallszahlen aus radioaktiven Zerfallsprozessen kostenlos zur Verfügung, allerdings nur maximal 100.000 pro Tag, weil es lange dauert, bis echte Zufallszahlen generiert wurden.

Wenn Sie das wirklich einfache Prinzip eines Geigerzählers bzw. den radioaktiven Zerfallsprozess verstehen möchten, suchen Sie einfach nach „Geiger-Müller-Zählrohr".

Wenn Sie begeisterter Bastler sind, dann können Sie sich auch für rund 40 Euro einen Geigerzähler als Rohbau, also ohne Gehäuse kaufen und einen Arduino an die Zählausgabe hängen. Schon haben Sie einen perfekten Zufallszahlengenerator.

ASCII-Tabelle[10]

Heutzutage immer weniger beachtet aber elementar wichtig, ist die ASCII Tabelle.
Diese Tabelle beschreibt die zugehörigen Zeichen zu ihrem Binärcode.
Hier erkennen Sie sofort das Hauptproblem bei der Verschlüsselung von Textdateien.
Sichtbare Zeichen wie Buchstaben und Zahlen sind hier schön zusammenhängend in Blöcke aufgeteilt, was es bei einer Mustererkennung wesentlich einfacher macht, die Daten zu knacken.
Da ist es ganz wichtig, aus diesen Blöcken auszubrechen, um die verschlüsselte Datei sicher zu machen. Ausserdem sollten Sie für eigene Verschlüsselungsalgorithmen immer die komplette Bandbreite der ASCII Tabelle für

---

10American Standard Code for Information Interchange

Ihr Passwort nutzen.

Das Passwort

Das Passwort ist eigentlich nur eine Form der benutzerfreundlichen Verschlüsselung.
Ein wirklich sicheres Passwort müsste genauso lang sein, wie die Datei, die es zu verschlüsseln gilt und wirklich zufällig sein.
Ist es meistens aber nicht, also wird bei der Verschlüsselung das Passwort einfach so lang gemacht, wie die zu verschlüsselnde Datei lang ist.
Aus „pa!?" wird so „pa!?pa!?pa!?" usw.
Möchten Sie ein sicheres Passwort, so nehmen Sie eine Zeichenkette, die genauso lang wie die zu verschlüsselnde Datei ist und für jeden einzelnen Wert einen zufälligen ASCII-Code zwischen 0 und 255.

Wie funktioniert Verschlüsselung

Sie wissen jetzt, was die ASCII Tabelle ist und die brauchen wir nun.

Unser Text, der verschlüsselt werden soll,
heisst „Morgen" und unser Passwort „pw!?"

Wir ändern die Texte in die entsprechenden
ASCII, also Dezimalwerte:

M = 77 (4Dh)
o = 111 (6Fh)
r = 114 (72h)
g = 103 (67h)
e = 101 (65h)
n = 110 (6E)

p = 112 (70h)
a = 97 (61h)
! = 33 (21h)
? = 63 (3Fh)

Und nun verschlüsseln wir unsere
Zeichenkette mit unserem Passwort:

M+p = 77 + 112 = 189
o + a = 111 + 97 = 208
r + ! = 114 + 33 = 147

g + ? = 103 + 63 = 166
e + p = 101 + 112 = 213
n + a = 110 + 97 = 207

Nun haben wir eine Menge nicht mehr darstellbare Zeichen. In hexadezimaler Schreibweise sieht unsere verschlüsselte Datei jetzt so aus:

BDD093A6D5CF

Nicht mehr zu erkennen.
Herzlichen Glückwunsch, Sie haben eben zum ersten mal von Hand eine Zeichenkette mit einem Passwort verschlüsselt.

Die Entschlüsselung geht genauso nur anders herum.

BDh-p = 77
D0h - a = 111
93h - ! = 114

Und so weiter. Und schon haben Sie Ihren Ursprungstext zurück.
Natürlich ist das jetzt sehr einfach, denn wie Sie wissen, wäre diese Methode alleine schon

65

mit der Verteilung der Zeichen in der deutschen Sprache angreifbar, wenngleich es bei diesem kurzen Text schon schwierig wäre, mit Statistiken zu arbeiten.

Deswegen kommen hochtrabende mathematische Funktionen zum Einsatz, um statistische Angriffsmethoden unmöglich zu machen.

Aber aus Anschauungszwecken können wir das Thema einfach mal weiter spinnen.

Wir haben unser Chiffrat, nämlich

BDD093A6D5CF

Nun wäre dieses Chiffrat sehr einfach anzugreifen, wir müssen also eine weitere Schicht darüber legen.

Sie kennen aus dem Mathematikkapitel die Zahlenfolgen. Ich konstruiere jetzt einfach nur ein simples Beispiel, was mir gerade so in den Sinn kommt.

Nehmen wir die Fibonacci Reihe und die Zahl PI. Die Zahl PI ist eine Konstante und bis zur

22,4 Billionsten Stelle berechnet worden. Wir können damit also schon ein gutes Stück weit arbeiten.

Sagen wir, Sie nehmen die Ziffern von PI in der Fibonacci Reihe und addieren diese Ziffer dem ASCII Code unseres Wertes.

hex	asc	fib	pi	wert	hex
BD	189	0	0	189	BD
D0	208	1	3	211	D3
93	147	1	3	150	96
A6	166	2	1	167	A7
D5	213	3	4	217	D9
CF	207	5	5	212	D4

Und so sieht unser neues Chiffrat nun aus:

BDD396A7D9D4

Wenn Sie bei der Berechnung über den Wert von 255 laufen, ziehen Sie einfach 255 ab. Bei der Entschlüsselung dann umgekehrt, kommen Sie unter 0, rechnen sie 255 dazu.

Nun ist das Chiffrat schon de facto nicht mehr knackbar, sofern niemand Kenntnis über unsere Verschlüsselungsmethode hat.

67

Im übrigen müssen Sie beim zählen der Fibonaccireihe nicht bei der ersten Ziffer anfangen. Was hindert Sie daran, an der Stelle des Tages des Jahres anzufangen, der heute ist?

Oder Ihr Alter in Tagen?

Aber egal, dieses Chiffrat könnten wir nun nochmal verschlüsseln und zwar mit einer gängigen und alten Methode.

Und diese heißt XOR.

Das ist einfach nur eine Methode der Bitverschiebung, um in diesem Fall unser Chiffrat zu verwürfeln.

Der Einfachheit halber zeige ich dieses Beispiel nur am ersten Zeichen, denn es handelt sich um eine Bitverschiebung und das würde für den gesamten Text mehrere Seiten füllen.

Nehmen wir das erste Zeichen BDh.

Dieses sieht als Bitmuster so aus:

1011 1101

Unser erstes Zeichen des Passwortes („p")
sieht so aus:

0111 0000

Nun ver-XORen wir das Zeichen

BDh	p	XOR
1	0	1
0	1	1
1	1	0
1	1	0
1	0	1
1	0	1
0	0	0
1	0	1

Wir erhalten also das Bitmuster

11001101, was dezimal 205 bzw. hexadezimal
CD entspricht.

Aus BD wurde CD.

Soll dieses Ding jetzt entschlüsselt werden,
funktioniert das genauso.

CDh	p	XOR
1	0	1
1	1	0

0	1	1
0	1	1
1	0	1
1	0	1
0	0	0
1	0	1

Et voilà, 1011 1101, es ist wieder da.

Nun ist das XOR eine sehr altbekannte Weise der Verschlüsselung, also müssten wir nun noch eine weitere Verschlüsselungsschicht darüber legen. Übrigens ist es egal, in welcher Reihenfolge man das tut, also ob man erst XOR einarbeitet oder danach oder auch gar nicht.

Wenn nun das Passwort ausreichend lang ist und ausreichend kompliziert, würde ich jetzt behaupten, ist unser Verschlüsselungsalgorithmus ohne Kenntnis der Methode nicht mehr per brute force[11] knackbar. Na gut, es gibt Leute, die tun nichts anderes als ausprobieren, wie ein Verschlüsselungsalgorithmus angreifbar ist.

---

11 Bloßes ausprobieren

Sicherlich wird diese Methode angreifbar sein aber es dürfte schon einige Jahre dauern, auf die Muster von Fibonacci und PI zu kommen. Steigern Sie dann halt die Fibonacci-Reihe nicht um eins sondern um Primzahlen oder die Lottozahlen vom letzten Samstag.

Übrigens ist zum Passwort zu sagen, dass meist vorausgesetzt wird, sichtbare Zeichen zu nehmen, als 0-9, A-Z,a-z und ein paar Sonderzeichen.
Wenn es Ihnen möglich ist, sollten Sie die komplette Vielfalt der Möglichkeiten nutzen, also alle 256 möglichen Zeichen der ASCII Tabelle.

Dechiffrierungsmethoden

Wir wissen, jede Verschlüsselungsmethode hat einen Masterschlüssel. Doch können wir nicht davon ausgehen, diesen in unserem Besitz zu haben. Und auch Geheimdienste, die eine verschlüsselte Datei finden, wissen natürlich nicht, welche Verschlüsselungsmethode angewendet wurde.

Und da gibt es eigentlich nur einen einzigen Weg. Und der heißt, trial and error. Versuch und Fehler.

Hierzu nimmt man sich einen Teil der verschlüsselten Datei und versucht, diesen mit allen bekannten Maßnahmen zu entschlüsseln.

Dazu kommen nicht nur das versuchen aller bekannten Masterschlüssel mit allen bekannten Verschlüsselungstechnologien zum tragen sondern auch statistische Methoden.

Angenommen, wir wissen, es handelt sich um einen deutschen Text, dann wissen wir auch, wie oft bestimmte Buchstaben in deutschen Texten statistisch vorkommen.

Zum Beispiel das E wäre mit einer Häufigkeit von 17,40% der häufigste Buchstabe.

Nähmen wir aus dem verschlüsselten Text eine 1.000 Zeichen lange Kette, so sollten wir im Schnitt etwa 174 mal das gleiche Zeichen finden.

Finden wir nicht etwa 174 mal das gleiche Zeichen, dann wissen wir schon, der Text ist gewürfelt oder gesalzen oder hat einen sehr langen Schlüssel.

Dieses Wissen um die statistische Verteilung von Zeichen ist sehr wichtig beim entwickeln eines eigenen Verschlüsselungsalgorithmus.

Das herausnehmen einer Zeichenkette ist übrigens üblich, denn es würde viel zu lange dauern, eine vielleicht Gigabyte große Datei zu knacken. Das funktioniert genauso mit einer Teilzeichenkette aber um ein vielfaches schneller.

Gut wäre es natürlich, wenn man vorher schon weiß, was die Ausgangsdatei für ein Format hat. Wenn ich eine Textdatei erwarte, muss ich mich nicht um andere Dinge kümmern. Glücklicherweise hilft uns der Drang zu Standardisierung und der Drang der Softwareentwickler, besonders cool sein zu wollen weiter.
Während früher jedes Textverarbeitungssystem sein eigenes binäres Format hatte, will heute jeder seine Daten im XML Format abspeichern. Das ist so schön flexibel und als

XML heraus kam, war jeder dumm, der kein XML beherrschte. Noch heute steht in Stellenausschreibungen reihenweise als Anforderung zum Beispiel für Softwareentwickler „Muss: XML".

Das wäre in etwa so, als suchte jemand eine Sekretärin und stellt als Mindestanforderung Lesen und Schreiben in die Stellenausschreibung oder einen Buchhalter und fordert, dass dieser die vier Grundrechenarten beherrscht.

Danken wir den schlauen Entwicklern und den noch schlaueren Managern. Ich habe schon Jobs nicht bekommen, weil ich keinen Nachweis darüber bringen konnte, XML zu beherrschen. Dann wollte ich den Job auch nicht mehr.

Aber zurück zum Thema, es ist ganz egal, ob wir OpenOffice, LibreOffice, MS Office oder was auch immer für ein Office nutzen, alle Speicherdateien sind gepacktes XML.

Ein einfaches

unzip Ich_hacke_Technik.odt

bringt mir

Archive: Ich_hacke_Technik.odt

```
extracting: mimetype
creating: Configurations2/toolbar/
creating: Configurations2/floater/
creating: Configurations2/menubar/
creating: Configurations2/popupmenu/
creating: Configurations2/accelerator/
creating: Configurations2/toolpanel/
creating: Configurations2/progressbar/
creating: Configurations2/statusbar/
creating: Configurations2/images/Bitmaps/
```

und so weiter entgegen.

Will ich also eine verschlüsselte Datei knacken, brauche ich nur auf die ersten zwei Bytes zu achten. Komme ich da auf „PK" ist die Wahrscheinlichkeit sehr hoch, die Datei geknackt zu haben.

Wegen Verwürfelung, Bitverschiebung, was auch immer, reicht es also voll und ganz aus, wenn ich aus einem Chiffrat die ersten, sagen wir, 20 Bytes nehme und diese per brute force angreife.

Früher hat man verschiedene Methoden zur Dechiffrierung genutzt, wie zum Beispiel den sogenannten Kasiski-Test für Chiffrate, die mit dem Vigenère-Verfahren erzeugt wurden. Mit dem Kasiski-Test konnte man mittels Primfaktorzerlegung auf die Länge des Passwortes schliessen. Das sind aber Dinge, die heute so nicht mehr funktionieren, denn jedes Verschlüsselungssystem, welches geknackt wurde, wurde verbessert. Ich bin der Überzeugung, heute funktioniert nur noch reines ausprobieren von Passworten auf ein Chiffrat mit den gängigen Verschlüsselungsmethoden. Vor einigen Jahren hat man an irgendeiner Uni eine Methode entwickelt, die Länge von Passworten herauszufinden, indem man die Dauer der einzelnen Chiffrierzyklen auf der CPU gemessen hat. Das war ein ziemlich geniales Ding aber für den regulären Haushaltshacker meines Erachtens nicht zu bewältigen und sowieso rein theoretisch. Ob eine Dechiffrierung im Wege des brute force überhaupt zu bewältigen ist, lassen wir mal dahin gestellt sein. Es kann durchaus wichtig

sein, eine verschlüsselte Datei zu knacken.
Erst dieser Tage ging eine Nachricht durch die
Medien, ein Typ habe das Passwort seines
Bitcoin-Wallets[12] vergessen und kommt jetzt
nicht mehr an seine Bitcoin im Wert von über
200 Millionen US-Dollar ran.
Ich weiß zwar nicht, wie selten dumm ein
Mensch sein kann aber das wäre in meinen
Augen ein Grund, eine Datei zu hacken.

Oder die NSU Akten, nur um zu wissen, wieso
die 100 Jahre unter strengster Geheimhaltung
liegen. Die würde ich auch knacken wollen.
Oder die Akten zu 9/11. Es gibt sicher tausend
Beispiele für Daten, die es wert sind, geknackt
zu werden.

Doch wie kann ein solcher brute force Angriff
aussehen?

Es bietet sich zwangsweise an, solch einen
Angriff vollautomatisiert durch zu führen.
Hierfür sollte man sich einer Script- oder
Programmiersprache bedienen. Ich liebe zum
Beispiel die Scriptsprache Perl für solche

---

12   Quasi sein Bitcoin-Portemonnaie

Dinge.

Wir klären zunächst die potentielle Sprache eines möglichen Passwortes ab, in diesem Fall vielleicht Deutsch und Englisch und definieren alle über die Tastatur schreibbaren Zeichen, also alle Buchstaben, Zahlen und Sonderzeichen. Ausserdem nehmen wir Wörterbücher, denn die probieren wir als erstes aus. Und immer daran denken, unsere Uniabsolventen sind Geeks und Nerds und damit unglaublich cool.

Sie beherrschen manchmal das sogenannte Leetspeak, wobei Buchstaben durch ähnlich aussehende Zahlen ersetzt werden. Aus Hacker wird so ein h4x0r, aus Chiffrat ein ch1ffr47. Dieses Leetspeak hat seinen Ursprung in den alten Hackerzeiten, in denen man als „Elite" galt, wenn man ganz besonders cool war. Oder einer sehr coolen Hackergruppe angehörte. Ich gehörte nie einer Hackergruppe an, war aber trotzdem Elite. Irgendwie waren wir alle Elite. Die Unischnösel von heute finden sich auch Elite und deswegen lernen sie Leetspeak und für Passwörter ist das auch gar nicht so schlecht brauchbar.

Und nun geht es ran ans Werk.
Wir probieren jedes Wort aus den
Wörterbüchern in allen Permutationen wie
Gross/Kleinschreibung jedes Zeichens, mit
den Sonderzeichen und so weiter.

Dafür gibt es ein Modul für Perl. Das nennt
sich Algorithm::Permute. Das macht das für
uns. Wir packen jeden Buchstaben des Wortes
einmal in Gross- und einmal in
Kleinschreibung in das Init-Feld plus Zahlen
von 0 bis 9 und alle schreibbaren
Sonderzeichen. Danach rufen wir in einer
Schleife die Permutationen auf. Sagte ich
schon, dass ich Perl liebe?
Diese Permutationen lassen wir nun als
Passwort auf alle gängigen
Verschlüsselungsmethoden los, wenn wir nicht
wissen, womit das Chiffrat verschlüsselt
wurde. Wissen wir das, wird es umso
einfacher.
Selbstverständlich gibt es Implementierungen
aller gängigen Verschlüsselungsmethoden als
Modul für Perl. Aus Geschwindigkeitsgründen
nehmen wir nur die ersten paar Bytes, 20, 30

oder 50, meinetwegen 100 Zeichen des Chiffrates.

Bekommen wir als Ergebnis auf bestimmten Byteadressen nun das gewünschte Ergebnis, haben wir wohl den Schlüssel gefunden. Um das konkret an einem Beispiel zu erklären, ist Byte 1 = „P" und Byte 2 = „K" haben wir eine Zip-Datei und diese entschlüsselt. Haben wir im Dateiheader ein „JFIF", liegt eine Grafik im Format JPEG vor. Das Wissen um Dateiheader und deren Standards kann elementar wichtig sein, denn wir müssen bei der vollautomatischen Angriffsmethode auf Konstanten kommen. Wie sollte unser Programm sonst wissen, wann ein potentielles Passwort gefunden wurde?

Doch stellen Sie sich das nicht zu einfach vor. Ein Worte mit 8 Zeichen macht 64 Permutationen aus, weil jedes Zeichen einmal groß und einmal klein probiert werden muss. Wenn ein Dechiffrierungsversuch 1/100 Sekunde dauert, brauchen Sie 0,64 Sekunden für eine Permutationen eines 8 Zeichen langen Wortes. Kommen nun noch 25 Zeichen an

Ziffern und Sonderzeichen hinzu, die an jeder Stelle des Passwortes stehen können, haben Sie schon mehrere Milliarden Permutationen. Um zu veranschaulichen, welche Ausmasse das annimmt:

Bei 2 Zeichen nur klein geschrieben, gibt es 2 Permutationen.
Bei 2 Zeichen nur klein geschrieben und den Sonderzeichen der obersten Reihe auf der Tastatur gibt es 6.227.020.800 Permutationen. Oder anders ausgedrückt, Ihr Rechner wäre 720 Tage beschäftigt. Das hört sich verdammt viel an aber wenn man in der Lage ist, große Rechnernetzwerke zusammen zu ziehen, geht das um ein vielfaches schneller.
Ich erinnere mich an das SETI@Home Projekt der Universität von Berkeley. Berkeley ist die einzige Uni, wo ich mich drum reissen würde, zu studieren. Berkeley ist die Nerd-Uni schlechthin. Hier wurde das BSD Unix entwickelt. Und das Internet de facto erfunden. Dieses Projekt hatte in der Spitze 1,4 Millionen PC am Start. Damit würden die 720

Tage zusammenschrumpfen auf ganze 44 Sekunden.

Als geübter Hacker wissen Sie natürlich, wo und wie Sie sogenannte Bot-Netzwerke kapern und für Ihre Belange einspannen. Das wäre zwar nicht ganz rechtens aber wen interessiert schon, ob man einen Dieb bestiehlt?

Berechnen können Sie die Permutationen übrigens ganz einfach über die Fakultät.

Sie haben aber jetzt erkannt, in welchem Dilemma die Staatsbehörden stecken. Die brauchen nämlich genauso lange, weil die auch nicht zaubern können.

Und eine kleine Hilfe gibt es auch noch. Es gibt nämlich regelmäßig erneuerte Listen mit den am meist genutzten Passworten überhaupt. Und oftmals haben die ganz krassen Computerbenutzer ihre Passworte auf einem Klebezettel unter ihrem Notebook.
Es gibt tausend Varianten. Je besser Sie die Person kennen, der das Passwort für das zu knackende Chiffrat gehört, umso einfacher finden Sie das Passwort heraus. Da werden die

Vornamen von Ehefrauen/Männern, Kindern oder Haustieren gerne mal als Passwort genutzt. Vielleicht noch mit Geburtsdaten hinten dran oder vorne weg.

Aber Sie sehen, wie aufwendig das Knacken eines Passwortes sein kann. Und jetzt verstehen Sie auch, warum der Bundestrojaner die Daten vor der Verschlüsselung abgreift und die NSA gar nicht erst versucht, verschlüsselte Daten zu knacken sondern sie einfach nur speichert um darauf zu warten, dass es schnellere Angriffsmethoden gibt als heute.

Die kochen nur mit Wasser, wir kochen nur mit Wasser. Die wollen ganz viel wissen, wir meistens nur Informationen von einer Person. Wir sind ganz klar im Vorteil.

Security by obscurity

Security by obscurity war früher ein geflügelter Satz. Es heißt sinngemäß übersetzt Sicherheit durch Verschleierung.

Ich habe auf allen meinen Datenträgern eine (oder mehrere) Datei mit einem für Dienste

wohl klingenden Namen.
Vielleicht sowas wie
„Backup_SehrWichtigerKonzernname_Dbsrv_
1234.zip.crypt".

Der Dateiinhalt besteht meist aus einem oder
zwei bis drei Gigabyte Zufallszahlen. Gerne
auch Roulettepermanenzen, weil ich damit aus
Langeweile schon mal gerne herumspiele, um
das absolute System zu finden. Ich weiß, dass
es das nicht gibt, die Kugel hat kein
Gedächtnis.

Dies würde sofort die absolute
Aufmerksamkeit von Diensten erregen, sollte
einmal ein solcher Datenträger zu denen
gelangen und es würde sie lange Zeit
beschäftigen, da die Daten ja nur reiner
Datenmüll sind.

Läge eine Datei katzenbabys_suess.mp4 im
gleichen Verzeichnis, wäre diese Datei
vermutlich nur die zweite Wahl.

Das ist von mir nicht ganz ernst gemeint, eher
so ein running Gag. Also das ich diese Dateien

mit mir führe. Das ich das tu, ist schon mein Ernst.

Ein Bekannter ist vor mehreren Jahrzehnten auch mal gebustet worden und die Kripo hat ihm erklärt, er hätte das, was er getan hat, niemals alleine machen können (Er hatte es sehr wohl allein getan). Er habe einen Komplizen haben müssen, warf man ihm vor. Er würde so lange in U-Haft bleiben, bis er den Namen nennen würde, erklärte man ihm.

Und so nannte er als Komplizen irgendwann den Billy Rubin.

Hätte er nicht nach über einem Jahr in U-Haft mit Hilfe meines Anwaltes die ermittelnden Beamten aufgeklärt, dass Bilirubin ein Teil des Blutfarbstoffes ist, sie würden wohl heute noch nach Billy suchen.

Daraus resultierten dann einige vollkommen kindische und unsinnige Dinge, die wir heute tun und die uns oft das Prädikat „Verfolgungswahn" und „Bekloppt" einbringen. Dabei ist es einfach nur reiner Unsinn, einfach, weil wir es können und eventuell einmal brauchen könnten. Da steckt nichts wirklich ernsthaftes dahinter. Ich weiß, Übermut tut selten gut aber aber wenn ich dazu noch sage, dass ich erstens im Besitz eines Presseausweises bin (ja, ein echter, nicht gefälscht) und zweitens auch nebenbei, also quasi als Hobby und Interesse auch journalistischen Tätigkeiten nachgehe, genaugenommen bezeichne ich mich als investigativer Journalist, also als aufklärender Journalist, suche ich mir natürlich immer dort Ärger, wo es Geld zu verdienen gibt. Und es wäre eine gigantische Geldquelle, würde ich bei der Ausreise aus den Staaten, vielleicht am McCarran Airport in Las Vegas verhaftet werden und einige Wochen oder Monate in Haft sitzen, wegen ein paar Gigabyte Roulette- oder Black Jack Permanenzen. Ich könnte sicher Bücher darüber schreiben, Fernsehauftritte angeboten bekommen und vielleicht sogar einen Kinofilm machen, der zu einem block buster wird. Und erst die Klage vor einem US Gericht auf Schadenersatz und Schmerzensgeld.

Übrigens hat die Armee eines großen Landes, welche im Irak immer mal wieder Krieg geführt hat und irgendwann auf die Idee kam, dem Staatsoberhaupt zu unterstellen, er würde „rollende Chemielabore" betreiben um biologische Waffen herzustellen und gegen sein eigenes Volk einsetzen und ihn deswegen anklagte und zum Tode durch den Strick zu verurteilen, nichts anderes getan.

Als sie festgestellt haben, dass sie diese ominösen Labore nicht finden, haben sie hunderte Computerhacker und Codeknacker angeheuert, alles an Datenträgern beschlagnahmt, was sie finden konnten, ganz egal ob aus dem Computerladen um die Ecke oder dem Schulkind zu Hause, die dann Beweise für diese Labore finden sollten. Es wurde gehackt, geknackt und gecrackt. Bis heute hat niemand etwas gefunden. Es hat aber auch nie wieder jemand danach gefragt. Die Fakenews über geschredderte Menschenbabys in Kuwait haben ausreichend Hass auf das bald tote Staatsoberhaupt des Irak geschürt, dass es nicht mehr wichtig war.

Wir bauen eine Verschlüsselung

Kommen wir nun zum vielleicht interessantesten Kapitel. Wir bauen uns eine eigene Verschlüsselungsmethode, die so gut ist, dass kein Geheimdienst dieser Welt eine Chance hat, diese zu knacken.
Ich konstruiere dabei nur ein Beispiel, Sie können, nein, Sie müssen sich die Methode ganz nach eigenem Gutdünken anpassen.

Wir arbeiten als erstes unsere eigene ASCII-Tabelle aus und bauen uns eine eigene Zeichentabelle. So hätte zum Beispiel die Zahl 0 in unserer Tabelle den Platz 1 in der Tabelle. Die Zahl 1 den Platz 5 und immer so weiter, bis wir wild verwürfelt auf den 256 Zellen der Tabelle alle Zeichen der regulären ASCII-Tabelle verteilt haben. Wir werden dann die reguläre ASCII Tabelle in unsere eigene ASCII Tabelle übersetzen.

Nun bauen wir eine Sicherheit durch Verschleierung ein.

Jeder Mensch weiß, ein Computer arbeitet mit einer Datenbreite von 8 Bit. Wir machen daraus einfach 16 Bit und füllen die Müllwerte, also die Werte, die wir nicht brauchen, mit realen Zufallszahlen.

Ich nehme einfach unser Beispiel aus der Erklärung der Verschlüsselung an sich.

Da war unsere Zeichenkette BDD093A6D5CF.

Jetzt füllen wir rechts und links neben jedes Byte ein Zufallszeichen auf. Zum Beispiel links eine 5 und rechts ein A. Also ist unser erstes Zeichen nicht mehr BD sondern 5B DA.

Richtig, das Cryptat wird nun doppelt so groß. Macht aber nichts, wir haben Platz und genau das ist das Geheimnis dieses Algorithmus.

Sie könnten aber auch nur ein Müllzeichen einfügen. Oder 13.

Jeder Cryptoexperte hat an der Uni gelernt, mit 8 Bit zu arbeiten. Das Mülldaten mit einfliessen, kommt je nach Professor auch mal zur Sprache, denn Steganografie ist irgendwie doch etwas anders. Und vielleicht bauen Sie auch nicht nur ein Zeichen vorne und hinten an sondern mehrere, vielleicht sogar unterschiedlich viele? Daten in anderen Daten zu verstecken, war lange Zeit sehr in Mode.

Und jetzt hauen Sie noch eine Verschlüsselung mit einem guten Passwort darüber und, auch, wenn es überhaupt nicht mehr notwendig ist, schieben Sie noch ein XOR nach.

Ich behaupte, Sie haben jetzt die am sicherst verschlüsselte Datei der Welt.

Weder BND noch MAD, Mossad, FSB oder NSA werden diese Datei in den nächsten 100 Jahren knacken können.

Vorausgesetzt, Sie halten absolutes Stillschweigen über die Art Ihrer Verschlüsselung. Geben Sie den Algorithmus und die Codetabelle heraus, war es das schon fast.

Theoretisch benötigen Sie nicht einmal ein Passwort, weil die geheime Codetabelle und der geheime Algorithmus schon ausreichend sind. Das Passwort ist lediglich noch eine dritte Methode der Sicherung.

Fertig ist unser Verschlüsselungsalgorithmus.
Nennen könnten wir ihn jetzt vielleicht
„THS", Triple Hacker Standard.

Ich habe Ihnen hiermit auf drei winzig kleinen
Seiten Papier gezeigt, wie Sie alle
Geheimdienste dieser Welt austricksen, die mit
Milliardenbeträgen von Ihren Steuergeldern an
Ihre Daten gelangen wollen.

Sie sollten nur eines bedenken.
Wenn Sie zu den am meist gesuchten
Terroristen der Welt gehören, werden Sie
garantiert den Bundestrojaner auf Ihrem
Rechner haben. Der verschickt die Daten
schon lange, bevor Sie diese verschlüsseln.

Wenn Sie also die Atombasen der USA in
Deutschland mit allen Zugangscodes an Ihre
Freunde in Afghanistan schicken wollen,
sollten Sie tunlichst darauf achten, diese
Informationen auf einem Computer zu
schreiben, der nicht mit dem Internet bzw. mit
überhaupt keinem Netzwerk verbunden ist und
am besten auch keine Funksignale aussenden
kann. Stellen Sie den Rechner in den Keller,

dessen Wände mit Eisenplatten ausgeschlagen sind.

Eingangs hatte ich von dem Film „Der Staatsfeind Nr. 1" geschrieben. Wenn der Typ in seine Kammer mit den Rechnern geht, die von einem Maschendrahtgeflecht umgeben ist, dann ist das eine durchaus reale Szene.

Wenn Sie wirklich so eine Top-Nummer sind, dann steht jetzt gegenüber neben den Richtmikrofonen und Kameras auch ein System zum abgreifen von Funksignalen. Man kann Ihren Bildschirminhalt aus der Ferne so anmessen, dass man sehen kann, was Sie gerade auf dem Bildschirm sehen.

Wenn Sie einfach nur genervt sind vom Überwachungswahn des Staates und sich aus diesem Grund für Kryptografie interessieren, sind Sie wenigstens so lange uninteressant für die Behörden, bis sie auf Ihre unknackbaren Cryptate stoßen und diese auch als solches erkennen.

Und damit einen schönen Gruß an die Geheimdienste vom zu wenig qualifizierten

Bewerber.

Datenschmuggel

Geschäftsreisende werden es wissen. Reisen Sie mit einem Notebook in die USA oder China (und vermutlich noch andere Länder) ein, so kann es Ihnen passieren, dass man Sie auffordert, Einblick in die Datenträger zu nehmen. Genaugenommen kann das sogar bei Fotoapparaten und Smartphones auch passieren.

Ich habe bei geschäftlichen Reisen in diese Länder immer ein komplett nacktes Notebook, also ein Notebook ohne Anwendungsdaten, nur mit der notwendigen Software, mit mir geführt. Da konnten die Behörden drauf rumgucken, wie sie wollten, war mir doch egal.

Manchmal geht das aber nicht. Manchmal muss man bestimmte Daten am Mann mit sich führen, weil es vielleicht zu gefährlich ist, sie im Internet zu übertragen. Über das warum und wieso möchte ich jetzt nicht philosophieren, nehmen Sie bitte einfach hin, dass es solche Situationen gibt.

Dann müssen Sie sich überlegen, wie Sie Ihre Daten absolut sicher schmuggeln können.

Dabei müssen Sie bedenken, wenn ein Behördenmitarbeiter der Meinung ist, er hat eine verschlüsselte Datei gefunden und er bekommt von Ihnen nicht den Schlüssel bzw. Die entschlüsselte Datei präsentiert, kann er Sie in Haft nehmen, mitunter mehrere Monate und ganz bestimmt auch Jahre.

Sie müssen sich also eine gute Story überlegen, warum Sie aus dieser Datei keinen Klartext machen können und warum Sie diese Datei auch nicht löschen können.

Wie schön, dass Sie in einem solchen Fall programmieren können.

Dann haben Sie nämlich aus einer binären Datei vielleicht eine Datei mit Messwerten gemacht. Aber natürlich eine solche, die man auch schlüssig erklären kann.

Möglicherweise haben Sie eine Datei mit einem Film aus dem supergeheimen Geheimgang unter dem Schreibtisch des Präsidenten der USA gedreht, der genau zeigt, von wo nach wo der Geheimgang verläuft. Alleine der Besitz des Filmmaterials würde Ihnen wegen Hochverrat einige Jahrhunderte Gefängnis in Amerika einbringen. Nun rechnen Sie diese Binärwerte in hexadezimale um (nachdem Sie die Daten irgendwie verschlüsselt haben) , nennen das ganze ltime_mon_press_deepwater_horizon_pipe1-8.txt, vorausgesetzt, Sie haben irgendwas mit dieser Ölbohrplattform zu tun, würde es sie noch geben, dann könnten Sie schlüssig erklären, dass die ganze Datei die Messwerte aller acht Hochdruckleitungen der Ölbohrplattform Deepwater Horizon der letzten sechs Monate sind.

Seien Sie kreativ aber seien Sie es so, dass man Ihnen nicht das Gegenteil beweisen kann und Sie auch nicht durch Gegen- und Rückfragen in Bedrängnis bringen kann.

Optimalerweise haben Sie solch hochbrisante Dateien auch nicht in einer Datei, sondern haben diese ordentlich fragmentiert[13] und am besten auf mehrere Datenträger verteilt.

Übrigens können Sie sehr viele Arten von Datenträgern haben. Sie haben doch bestimmt Kreditkarten, Bankkarten, Krankenversicherungskarten, Autoclubkarten und und und?

Heutzutage sind darauf immer irgendwelche Speicherchips.

Die lassen sich auch programmieren bzw. Beschreiben. Und ich habe noch nie erlebt, dass an der Grenze Abzüge von den Speicherchips der Plastikkarten gemacht wurden. Was vermutlich daran liegt, dass diese Chips nur einen sehr kleinen Speicher haben. Aber das lässt sich ja leicht ändern.

Und wenn man bedenkt, dass heute Micro-SD Karten schon die Kapazität von einem Terabyte haben, ist dem Datenschmuggel sowieso Tür und Tor geöffnet.

---

13   Sozusagen zerstückelt

Da reicht ein Besuch im Spionagemuseum Berlin und Sie wissen hundert Verstecke, wo sich Micro-SD Karten unterbringen lassen.

Wenn Sie die Variante mit dem Absatz am Schuh bevorzugen, dann bedenken Sie bitte, dass die Schuhe am Flughafen geröntgt werden und damit die Speicherkarte sichtbar wird.

Da wickeln Sie die schön irgendwas metallenes ein und das gleich zwei mal und zwar identisch, für rechts und links. Sehen beide Seiten gleich aus, wird das wohl so richtig sein.

Gut sind auch diese richtig fetten Western-Gürtelschnallen. Sind unbequem aber dank großer Metallfläche, die sich nicht durchleuchten lässt, ein ideales Versteck. Klein wenig handwerkliches Geschick vorausgesetzt.

Richtig cool ist natürlich auch jener, der sich mit den Betriebssystemen auskennt. Wie wäre es mit dem verstecken von Daten in der Auslagerungsdatei des Betriebssystems? pagefile.sys und /dev/sda3 als Versteck für geheime Daten sind immer gut. Doch Vorsicht, ist der Rechner weg, sind die Daten weg. Daher bietet es sich immer an, die Daten auch online zu sichern. Cloud-Dienste gibt es genug und wenn nicht die, dann lassen sich noch virtuelle oder reale Server von Webhostern anmieten.

Für die absolute Sicherheit dient dann neben dem verschlüsseln noch das fragmentieren der Daten. Teilen Sie Ihre Dateien auf. Aber nicht die ersten 500 MB und die zweiten 500 MB sondern Byte 1,4,7,10 usw. in den einen Container, Byte 2,5,8 in den zweiten Container und Byte 3,6,9 in den dritten Container und so weiter. Diese Dateien legen Sie dann einzeln bei Hoster 1, 2 und 3 ab. Optimalerweise aber bei 6 oder noch mehr Hostern, denn es könnte ja passieren, dass Ihnen die Daten gelöscht werden. Sie wären nicht der erste, dem das passiert. Billy Six, Journalist und Kriegsberichterstatter passierte dies erst kürzlich in der Coronapandemie, als er einen Videobeitrag nicht öffentlich in seinem Account bei youtube speicherte, um ihn später zu bearbeiten. Youtube fand, der Beitrag seien Fakenews und löschte ganz einfach die Datei. Obwohl die Datei nicht öffentlich war, es reichte aus, dass youtube nicht gefiel, was da zu sehen war und was potentiell veröffentlicht werden könnte.

Sie sollten sich bei der Suche nach Webhostern sowieso lieber an Länder ausserhalb der USA oder EU Mitgliedsstaaten halten. Wir, die wir die ach so wichtige Demokratie so hoch halten, sind Weltmeister darin, Daten löschen zu lassen, die uns nicht gefallen. Freilich steht davon in der Zeitung nicht viel.

Suchen Sie sich Webhoster in Russland, Norwegen oder Südamerika. Die sind preiswerter und löschen nicht unliebsame Daten, so lange es nicht Daten sind, die sie selbst betreffen. Einen Negativbericht über die USA oder Industriespionage aus den USA können Sie guten Gewissens in Russland ablegen. Ausser, dass man die Daten vielleicht kopiert, passiert nichts weiter. Und da hilft uns unsere Verschlüsselung weiter.

Besser noch, Sie verfügen über eigene Server in verschiedenen Ländern.

Doch auch da müssen Sie achtsam sein. Deutschland hat per Gesetz Zugriff auf die komplette Datenkommunikation eines jeden Servers, der in Deutschland steht, weil die Knotenpunkte abgegriffen werden.

Heutige Verschlüsselungsmethoden

Im Grunde genommen spielt es überhaupt keine Rolle, ob Sie wissen, wie Algorithmen genau funktionieren, denn es hilft Ihnen nicht weiter, wenn Sie den Algorithmus knacken wollen. Sämtliche Algorithmen unterliegen Kerckhoffs' Prinzip aus dem Jahre 1883.

Verschlüsselungsmethoden gibt es fast wie Sand am Meer.

Um nur einige zu nennen, damit dieses Kapitel gefüllt wird:

CAST, AES, DES/Triple-DES, FEAL, MARS, TEA, Twofish, MISTY1, Camellia, Magenta, RC2, RC4, Blowfish , Rabbit, SOSEMANUK u.v.m.

Weitere Bücher

Natürlich muss ich auf nachfolgende Werke hinweisen, denn vielleicht möchte mir eine passende Firma doch noch schnell ein Jobangebot machen, bevor ich das Buch veröffentliche. Hört sich nach Erpressung an? Möglich. Ihr habt Eure Chance bisher nicht genutzt.

Teil 2: Die Bahn – Digitale Schiene

Gleise schottern war gestern.
In diesem Buch erkläre ich die Funktionsweise der Eisenbahn von morgen. Das Zugbeeinflussungssystem ETCS und das Zugmanagementsystem ERTMS im Detail und potentielle Angriffsszenarien. Dieses Buch ist schon in Arbeit.

Weitere Teile, noch nicht in Arbeit:

Smarthomes – Spass für lange Abende

Das Internet der Dinge ist toll. Vom Büro aus die Kaffeemaschine, Waschmaschine, Heizung anstellen, eine tolle Erfindung. In diesem Buch erkläre ich, wie man mit Smarthomes richtig Spass haben kann. Und damit meine ich die Smarthomes der anderen.

High Tech Waffen – Heute im Selbstbau

Laserpistolen aus dem Kino im Selbstbaukurs. EMP Kanonen mit Haushaltsgeräten. Geht das, was bis heute keine Armee dieser Welt gebaut hat? Eine philosophische Abhandlung über die Machbarkeit von Science Fiction im Hobbykeller.

Rechner knacken im home office

Adminpasswort vergessen? Gebrauchte Datenspeicher gekauft? Alles kein Problem mit diesem Handbuch.

Hacker.

Wer sind die Leute im digitalen Untergrund? Was tun sie? Warum tun sie es? Und wie gefährlich können sie werden?

Ein Einblick in das heute und Ausblick auf morgen.

Social engineering

Wir hacken Menschen. Einblicke in die Psychologie und Grüße an Kevin Mitnick.

Smartphones

NSA, Pentagon, MAD oder BND hacken? Warum, wenn es doch so viel einfacher geht? Jeder Trottel rennt heute mit einem Smartphone rum. Ein freier Truppenübungsplatz für Hacker. Einblicke in die Technik, Angriffsmethoden und entschlüsseln von Apps.